UNIVERSITÉ DE FRANCE

AGRÉGATION

DES FACULTÉS DE DROIT

CONCOURS D'AGRÉGATION. ANNÉE 1893

COMPOSITION D'HISTOIRE DU DROIT

FAITE EN 7 HEURES

Le 21 Mars 1893

PAR

Joseph DECLAREUIL

DOCTEUR EN DROIT
ÉLÈVE DIPLÔMÉ DE L'ÉCOLE DES HAUTES-ÉTUDES
CHARGÉ DES COURS DE DROIT ROMAIN ET DE DROIT CRIMINEL
A L'ÉCOLE DE DROIT D'ALGER

PARIS

LIBRAIRIE

DU RECUEIL GÉNÉRAL DES LOIS ET DES ARRÊTS
ET DU JOURNAL DU PALAIS

L. LAROSE & FORCEL, EDITEURS

22, RUE SOUFFLOT, 22

1893

22 (330)

IMPRIMERIE
CONTANT-LAGUERRE

BAR-LE-DUC

DES

TENURES ROTURIÈRES ET DES TENURES SERVILES

AU MOYEN-AGE.

Au Moyen-Age, l'Europe occidentale présentait au point de vue de la propriété foncière une hiérarchie terrienne qui, dans nos idées modernes, peut paraître singulière. Toute une échelle de tenures superposées les unes aux autres, imbriquées les unes dans les autres, s'offre aux études de l'historien. Ce n'étaient pas seulement les hommes qui étaient divisés en classes; c'étaient encore les terres qu'ils possédaient et sur lesquelles ils vivaient. Du reste, il faut reconnaître que la hiérarchie sociale avait été la cause première de la hiérarchie foncière. Un moment vint, peut-être, où la puissance et la condition de l'homme dépendirent de la terre qu'il détenait; mais, à l'origine, c'était l'homme qui avait communiqué au sol et comme infusé en lui sa propre condition. Or, il se trouvait que dans le haut Moyen-Age, trois classes d'hommes s'étaient formées. La première comprenait les héritiers de ces grands propriétaires que les derniers textes romains appellent des *possessores*, devenus pour la plupart à l'époque mérovingienne et carolingienne de puissants immunistes; les bénéficiaires qui, ayant obtenu de grands domaines de la munificence royale, les avaient transformés de viagers qu'ils étaient d'abord, en possessions héréditaires; les fonctionnaires royaux qui, dans la décadence de l'autorité souveraine, avaient usurpé à titre héréditaire aussi et les bénéfices attachés à leurs fonctions et les territoires sur lesquels celles-ci s'exerçaient. La seconde comprenait la masse des habitants qui n'avaient rien usurpé, mais que leur faiblesse soumettait au grand propriétaire, au fonctionnaire émancipé qui allait devenir le seigneur féodal. Ils étaient libres en droit, mais soumis aux premiers comme des sujets au souverain. Enfin, au-dessous, une autre classe dépendait complètement de la première, non plus à titre de sujette, mais à un titre intermédiaire entre la propriété qui pesait sur l'esclave ancien et le devoir de reconnaissance à raison de la protection et de la terre chétive qu'elle en recevait. Les terres subirent la même classification. Que les hommes de la première catégorie appellent autour d'eux d'autres hommes à qui ils donneront des terres moyennant la prestation de la foi et de l'hommage, et en échange des services de guerre, d'aides et de conseil, et vous aurez les tenures féodales. Mais, comme à cette époque, la souveraineté a pris un caractère patrimonial, toutes les terres sont considérées comme le patrimoine du seigneur qui, pour en abandonner la jouissance aux sujets, aux hommes de poeste comme on dira plus tard, exigera une redevance, un *census* : les terres pour lesquelles ce cens sera payé seront les tenures roturières. Enfin, anciens esclaves vivant sur leurs anciennes manses, misérables qui, pour vivre en sûreté et ne pas mourir de faim, se sont livrés à la merci d'un grand, sujets contraints par la force à une sujétion plus étroite, constitueront la classe des serfs, et leurs terres les tenures serviles. Il faut ajouter qu'au sommet de la hiérarchie et souvent aussi en dehors d'elle, subsistaient des terres qui ne dépendaient d'aucune autre : alleux nobles et roturiers; mais leur nombre ira chaque jour diminuant sous les attaques incessantes des seigneurs et de la royauté.

Nous n'avons à nous occuper ici que de deux sortes de tenures, les roturières et les serviles. Mais il importait au début de marquer leur place à l'égard des autres, afin que leur rôle dans la société du Moyen-Age fût plus facilement saisi.

La féodalité fut incontestablement la cause la plus active de cette organisation foncière. Les tenures qualifiées de féodales avaient en elles leur point de départ. Parmi les autres, d'ordre inférieur, la plupart en venaient aussi. Pourtant il ne faudrait rien exagérer. Beaucoup remontaient à une époque où la féodalité était en germe, mais non encore assez développée pour jouer le rôle de cause efficiente. J'aurai à revenir sur ce point par la suite.

I.

I. — Le type fondamental de la tenure roturière est la censive. Ce mot, du moins, a fini par l'emporter, car, à l'origine, on se servait assez volontiers du mot fief. Ce n'est qu'assez tard que la distinction nette entre les deux mots a été faite; c'est que longtemps aussi on ne distingua pas très bien entre les choses qu'ils désignaient. Au début du Moyen-Age, les diverses sortes de tenures n'étaient pas aussi expressément classifiées qu'elles le furent plus tard par les feudistes, à l'époque où la féodalité allait commencer à disparaître. Dans certaines coutumes du Midi, dans celle de Toulouse par exemple, il n'y eut jamais une bien grande différence entre les fiefs proprement dits et les fiefs roturiers. Du reste, le mot fief eut une compréhension plus large encore. Pour plus de commodité, je me servirai du mot censive. D'autant que ce mot évoque le caractère essentiel de la tenure roturière. Les tenures roturières étaient diverses et qualifiées différemment selon les pays. Je ne m'attarderai pas dans un travail aussi rapide que celui-ci à les passer en revue. Il s'agit simplement d'en dégager les caractères principaux.

Ce qui distingue la censive, prise comme type de la censure roturière, c'est le cens ou *census*. Le cens est une redevance, ordinairement en argent, et payable au seigneur censier. Je dis ordinairement en argent, car il existait des tenures roturières où la redevance était due en nature. Quelle était l'origine du cens? Sur cette question, il est presque impossible de répondre d'une façon catégorique, qui s'applique à tous les cas. L'origine du cens était multiple. Quelques mots d'explication sont ici nécessaires.

J'ai dit plus haut que, la souveraineté étant tombée dans le patrimoine des seigneurs, ceux-ci étaient par rapport aux roturiers dans la situation du souverain vis-à-vis de ses sujets. Ils peuvent donc exiger d'eux les mêmes obligations. Or, parmi les obligations que les habitants des provinces devaient à l'État romain, se comptait le paiement du cens. Le cens était la reconnaissance de la maîtrise romaine sur le sol. Il constituait une sorte d'impôt foncier qui survécut en bien des points sous les monarchies barbares. Celles-ci en avaient hérité de l'Empire : la *capitatio terrena* était une

JOSEPH D.

sorte de *census*. Les seigneurs en héritèrent de la monarchie carolingienne. M. Paul Viollet considère que la plus grande partie des cens viennent de l'ancien *census* romain. On trouverait même dans la législation fiscale de Rome l'origine de certains cens payables en nature. Du reste, cette idée ne fut pas étrangère au Moyen-Age. Le cens équivaut à la reconnaissance de la seigneurie, c'est-à-dire de la souveraineté du seigneur sur le sol. La pratique de l'immunité avait contribué dans une certaine mesure à faire passer le droit au cens des mains du roi dans celles de riches particuliers. — Mais le cens pouvait avoir d'autres origines. Dans beaucoup de cas, il avait été usurpé. Bien des terres qui n'avaient rien payé pendant des siècles furent soumises au cens par le seul fait que celui qui l'exigeait était le plus fort. D'autres s'y soumirent volontairement. Sans doute, on avait moins d'intérêt à abandonner sa terre à un seigneur pour la recevoir de lui en censive qu'on en avait à faire la même opération pour la reprendre en fief au sens étroit du mot ; mais l'intérêt n'était pas nul cependant, et cette sorte de contrat fut assez fréquent. Souvent aussi, des terres avaient été concédées par le propriétaire à un tiers sous la condition de payer le cens. Enfin, beaucoup de tenures roturières étaient d'anciennes tenures serviles dont les tenanciers avaient été affranchis, toujours sous la condition de payer le cens. Vienne d'où vienne, le cens grevait sous une forme ou sous une autre les tenures roturières.

II. — Telles étaient les origines du cens. Il faut voir maintenant de quelle façon et dans quelle mesure il grevait les tenures sur lesquelles il portait. Bien vite, le cens, restant immuable, eût perdu toute proportion avec la valeur productive des tenures. Sa valeur était la plupart du temps si minime qu'on ne le reconnaissait plus que comme recognitif de la seigneurie. Le paiement du cens était une pure formalité, comme pour les fiefs la foi et l'hommage. Mais parce qu'il était recognitif de la seigneurie, il était imprescriptible comme elle. On ne pouvait s'en affranchir qu'en abandonnant sa tenure après avoir payé tous les cens arriérés. Si on refusait le cens, le seigneur pouvait, du moins au Moyen-Age, confisquer la tenure. Quand les feudistes, empruntant aux Bartholistes l'idée du domaine éminent eurent inventé la théorie de la directe, le cens fut le signe extérieur, symbolique, si l'on veut, de la directe, et l'on dit que c'était elle qui était imprescriptible.

Ce cens, très ancien et si minime, ne pouvait, au point de vue écono-
mique, entraver les actes d'aliénation de la part du censitaire. Il aliéna
donc la censive, non pas en pleine propriété qu'il n'avait pas, mais en
tant que censive. Mais le seigneur pouvait s'y opposer, il n'y consentait
que moyennant certains droits de mutation : lods et ventes, qui finirent
par devenir coutumiers et ne laissèrent plus au seigneur, pour reprendre
sa chose, que le droit de retrait. Ce droit lui-même disparut sur plus d'un
point. Le censitaire pouvait, de la même façon, transmettre la censive en
héritage. La censive était héréditaire bien avant le fief, et pour la plupart
des terres roturières, on ne voit pas qu'il en ait jamais été autrement. Mais
les transmissions par décès furent aussi l'occasion de profits casuels.

Il y avait une autre sorte d'aliénation facile à imaginer : c'était l'accen-
sement. Celui qui tenait une terre en censive pouvait lui-même la donner
à un tiers au même titre, moyennant un cens. Ce cens était naturellement
plus considérable que l'ancien, payé par le premier censitaire : on l'appela
surcens ou gros cens, par rapport au premier qui fut qualifié de menu cens
ou droit cens. Souvent le seigneur voulut avoir sa part sur le nouveau
cens : crois cens. Mais vite une règle s'établit que celui qui tenait en censive
ne pouvait accenser la même terre : cens sur cens n'a lieu. Cela fut imaginé
dans l'intérêt du seigneur qui voyait par des accensements successifs son
droit s'éloigner et se fondre, pour ainsi dire, entre les mains des acqué-
reurs successifs. Du reste, inventée dans l'intérêt de droits qui, avec le
temps, devenaient de plus en plus vagues, cette règle était économiquement
insoutenable. Pour la respecter, car une fois qu'une maxime de ce genre
est entrée dans un droit coutumier, elle y reste, pour la respecter, on éla-
bora la théorie du bail à rente.

La théorie du bail à rente pointe déjà vers la fin du xiiie siècle et au xive.
Beaumanoir parle de rentes; mais pour lui, rente, cens, *sorcens*, c'est, je
crois, la même chose. C'est lentement qu'à côté du bail à cens on dégagera
une tenure d'un genre nouveau : le bail à rente; et le résultat sera celui-ci,
c'est qu'à côté de la tenure roturière d'origine féodale : le bail à cens, il y
en aura un autre qui n'aura rien de féodal : le bail à rente. L'obligation de
payer la rente correspondit à un droit purement utile pour le propriétaire
du treffons, nullement recognitif de seigneurie. Le droit à la rente était
aliénable; il était prescriptible. Si je ne craignais pas de sortir du sujet en
sortant du Moyen-Age, je pourrais expliquer comment les deux institutions

se distinguant de plus en plus au xv° et au xvi° siècles, on en vint à créer
cette légende d'une double origine, ou plus exactement d'une double espèce
de tenures, légende qu'avaient oublié les enthousiastes de la nuit du 4 août,
mais que Merlin, en sa qualité de jurisconsulte, vint leur rappeler, un mois
plus tard en leur exposant les conséquences qu'elle avait extraînées dans
l'ancien droit. La conclusion était que parmi les tenures les unes étaient
féodales, les autres non; que seules les premières pouvaient être affranchies
sans indemnité, tandis que les autres devaient être simplement déclarées
rachetables. La chose était simple et très claire ainsi exposée dans ses
grandes lignes, mais quand il fallut prendre chaque tenure roturière : baux
à cens, à rente, champarts, locaterie perpétuelle, domaine congéable, bor-
delage, etc., et décider si elle était féodale ou non, ce fut un imbroglio dont
personne ne put sortir. Mais je n'ai ici à m'occuper que du Moyen-Age.

III. J'ai étudié, en quelque sorte, la censive à l'état de squelette et sous
la forme la plus simple. Il ne faudrait pas croire qu'il en fut toujours ainsi.
J'ai déjà dit que pour certaines tenures roturières la redevance avait lieu
en nature, par exemple, le champart. Je n'insisterai pas sur ce point. Il
arrivait aussi parfois qu'il y avait mélange des deux espèces de redevances :
mi-partie argent et mi-partie en nature.

La plupart du temps, outre le cens, le roturier du Moyen-Age, l'homme
de poeste devait des corvées. Elles variaient de nature et de nombre selon
les coutumes. La corvée n'était pas nécessairement attachée à la censive;
on pouvait y être soumis sans tenir en censive. Mais il arrivait aussi très
souvent que l'obligation aux corvées était comprise dans le contrat d'ac-
censement. Par tous les points et par d'autres encore que le temps me
force à passer sous silence, les tenures roturières différaient des fiefs et les
devoirs du censitaire se différenciaient de ceux du vassal. Mais, outre que
dans nombre de contrées du Midi, la distinction ne fut jamais très nette
puisqu'on y voyait des roturiers soumis au service militaire en vertu de
leurs tenures, les charges qui pesaient sur le vassal pesaient souvent aussi
sur le censitaire. Quand le seigneur appelait ses vassaux en campagne, il
appelait parfois les censitaires, non plus à titre de suzerain, mais à titre
de seigneur détenteur de la souveraineté. Ce n'était pas comme censitaires
qu'ils étaient convoqués, mais les convocations n'en avaient pas moins
lieu. Les aides féodales leur étaient aussi de temps en temps réclamées; et

beaucoup de tailles payées par les censitaires avaient pour origine l'acte d'affranchissement qui avait transformé leurs tenures serviles en tenures roturières. Je dois ajouter qu'au Moyen-Age beaucoup de rotures ressemblaient singulièrement aux tenures serviles, si par contre, il y en avait d'autres qui, à l'extrémité opposée de l'échelle, différaient assez peu des tenures nobles.

II.

Au-dessous des tenures roturières se trouvaient les tenures serviles, variables de forme presque à l'infini et qu'il est difficile de rapporter à un type unique comme nous l'avons fait pour les tenures roturières. Les unes ne différaient pas essentiellement des plus infimes tenures roturières, d'autres prolongeaient encore plus bas l'échelle de la hiérarchie terrienne.

C'est surtout à propos des tenures serviles qu'est vraie ma précédente observation sur l'antériorité de certaines tenures à la féodalité. Le servage qui cadrait si bien avec cette organisation féodale et qui formait les pieds d'argile du colosse féodal, eût pu exister sans lui. De fait, il existe avant la féodalité. Il commence à grandir obscurément dès les temps du Haut Empire. Dans ces *latifundia*, dans ces *saltus* de l'Empereur et des grands propriétaires romains, il existe des serfs attachés à la glèbe, depuis le II* siècle de notre ère, peut-être avant. Telle paraît bien être la condition de certains tenanciers du saltus Buritanus en Afrique. Lorsque les lois romaines attachent les colons à la terre qu'ils cultivent et interdisent de léguer la terre ou de la vendre sans les hommes qui la garnissent, elles sont bien près de faire de ces hommes des serfs. A côté de ces colons, des esclaves affranchis demeurent sur les manses qu'ils exploitaient et qu'ils continuent à cultiver moyennant certaines redevances et corvées. Enfin de tout petits propriétaires qui, dans l'anarchie grandissante, ne peuvent se protéger et se nourrir à l'aide de leurs propres ressources, abandonnent leurs personnes et leurs biens à de plus puissants, se rendent à merci pour avoir en échange sécurité et existence à peu près assurées. Ce sont les constitutions impériales, Salvien, Symmaque et d'autres qui nous le disent. A ceux qui en sont réduits là, il est difficile de discuter les clauses du contrat, et ces clauses, on peut le croire, sont fort dures. Et cela se perpétue pendant des siècles, et, pendant ces siècles, l'homme puissant, par force ou par persuasion, aggrave les clauses du contrat chaque fois qu'on a besoin de lui. Parfois même on lui offre plus qu'il n'oserait demander. Ainsi, les rois, les *possessores*, les immunistes ecclésiastiques et laïcs, l'Église surtout, voient se former sous leur main tout un peuple dont ils deviennent les maîtres absolus, qui est leur chose, puisqu'il ne vit que par eux et que la terre dont il tire une subsistance précaire, il la tient d'eux.

Quelle est, au juste, la condition de cette classe d'hommes et de tenures pendant les périodes mérovingienne et carolingienne? Il est difficile de le dire. Ce que l'on sait à peu près, c'est que beaucoup ne pouvaient être séparés du sol qu'ils cultivaient; on considérait même comme une faveur pour eux de n'en pouvoir être séparés. Combien d'hommes descendirent au rang de serfs, et combien de petits domaines, de lambeaux de terre, encore libres, entrèrent dans le cercle toujours croissant des tenures serviles? C'est ce que nous ne saurons jamais. On a dit que toute la population libre, que nous verrons plus tard former la classe des roturiers ou des vilains, se trouva un moment réduite à cette condition : d'où il résulterait que toutes les tenures roturières auraient été, à un certain moment, des tenures serviles. Je crois cela exagéré, et je crois qu'il serait facile de prouver qu'il y eut toujours des terres et des hommes qui échappèrent à la servitude. Toutefois, beaucoup y tombèrent. J'ai déjà indiqué plus haut que quantité de tenures roturières conservèrent longtemps la trace indélébile de leur origine servile. Mais quand cette espèce de trombe qui obscurcit la fin de la période carolingienne, les Normands, les passages d'une dynastie à une autre, et tout ce qui troubla le X⁰ siècle fut passé, la classe servile et les tenures serviles apparurent, avec leurs diversités sans doute auxquelles il faut joindre les obscurités que le temps met entre elles et nous; mais sur lesquelles cependant il est possible d'entrevoir ce qui suit.

En général, on considère le serf comme attaché à la terre, à la glèbe. Il n'en fut peut-être jamais ainsi pour la totalité des serfs. Pour la plupart cette situation disparut vite. Cet attachement au sol n'est pas caractéristique de toute tenure servile. Au XIII⁰ siècle, Beaumanoir indique qu'il y a des serfs de plusieurs conditions. Les uns, dit-il, sont si soumis à leur seigneur que celui-ci peut leur prendre quand il veut tout ce qu'ils ont, à mort et à vie. Voilà une tenure servile des plus simples. Le serf en jouit tant qu'il plaît au seigneur et comme il lui plaît. Sur celle-ci il n'y a pas à insister. Mais il faut reconnaître que tous les serfs ne sont pas aussi mal traités. Ceux dont vient de parler Beaumanoir sont au dernier degré de la servitude. Il en est d'autres pour qui le droit à la tenure est au moins viager. La coutume ne permet au seigneur à la leur enlever que pour des motifs graves, par exemple, quand ils se marient en dehors de la seigneurie ou avec une femme libre, etc. En dehors de ces cas et d'autres analogues ils jouissent de la tenure leur vie durant, mais à la condition de payer régulièrement les redevances qu'ils doivent de ce chef. Beaumanoir qualifie ces redevances de cens et de rentes, tant il est vrai que de son temps la langue si précise sur ces mots à la fin de l'ancien régime, n'était point encore fixée. Chevage devint le terme le plus usité. Quand ce serf meurt, tous ses biens et par conséquent la tenure revient au seigneur, mais reste la faculté de rachat de la part des héritiers s'introduisit. Moyennant un droit casuel, le seigneur leur permettait de succéder à la tenure. Il y était lui-même intéressé; car la tenure étant désarmée, il n'y avait plus de redevances à recevoir. C'était pour cela qu'on les appelait mainmortables. Les serfs cherchèrent dans certains pays à écarter ce droit casuel au moyen de sociétés taisibles sur lesquelles je ne puis insister.

Dans certaines coutumes, les serfs restaient serfs de corps et de poursuite. Il leur était alors interdit de quitter leurs tenures, sans quoi le seigneur pouvait les saisir et les forcer à reprendre leur chaîne. Mais ailleurs leur condition était moins dure. C'est ainsi qu'en Beauvoisis, pourvu qu'ils payassent la redevance, ils pouvaient aller s'établir en dehors de la seigneurie. Avec le temps, la condition des serfs de poursuite s'atténuera. Dans les derniers siècles de l'ancien régime, ils auront cessé d'être attachés à la glèbe : serf de poursuite, voudra dire que le seigneur peut réclamer à son serf en quelque lieu que celui-ci se trouve les profits qui lui sont dûs. Dès le Moyen-Age, il existait des coutumes où le serf pouvait renoncer à la tenure en l'abandonnant au seigneur avec tout ou partie de ses autres biens.

Du reste la tenure servile une fois instituée, elle restait alors même qu'elle n'était pas tenue par un serf. C'était une conséquence de la hiérarchie que le Moyen-Age imposa aux terres de leur infuser une qualité qu'elles ne perdaient plus. Un roturier pouvait posséder une tenure servile, comme il put posséder un fief; il devait alors les redevances attachées à la condition de la terre. Un seigneur même pouvait tenir servilement une terre; c'est ce qui arrivait lorsqu'il héritait d'un mainmortable qui avait des tenures sur une autre seigneurie. Dans ce cas encore le seigneur doit payer les redevances comme l'aurait fait le serf lui-même.

Mais de ce que la tenure servile peut exister en dehors du serf, il ne faudrait pas conclure que ce genre de tenure ait pu survivre au servage. Évidemment quand celui-ci disparaissait, la tenure se modifiait. Elle suivait l'homme dans son ascension vers la liberté. Au XIIIᵉ siècle, par exemple, le servage disparaît en Normandie; il n'existe plus dans la plus grande partie de la Bretagne. Il en est de même de la tenure qui lui servait d'assise.

Je me suis tenu strictement à la tenure servile, sans m'occuper des charges afférentes à la qualité de serf, et qui pesaient de ce chef sur les ordinaires détenteurs de ces tenures. Il faut pourtant ajouter, en terminant, que le serf, plus peut-être que le noble et surtout que le roturier, se refléta sur le sol qu'il cultivait. En somme, les diverses tenures roturières étaient plutôt des modes de possessions et d'exploitations différents que des terres appropriées à des catégories d'hommes différentes. Pour les tenures serviles, au contraire, si elles varient, c'est à raison directe de la condition des serfs qui y sont plus ou moins fortement attachés.

Dans cette rapide étude, je n'ai dégagé que les types principaux des tenures roturières et serviles. Le temps qui devait y être consacré n'en permettait point davantage.

BAR-LE-DUC, IMPRIMERIE CONTANT-LAGUERRE.

UNIVERSITÉ DE FRANCE

AGRÉGATION

DES FACULTÉS DE DROIT

CONCOURS D'AGRÉGATION. ANNÉE 1891

COMPOSITION DE DROIT ROMAIN

FAITE EN 7 HEURES

Le 18 Septembre 1891

PAR

J. DECLAREUIL

DOCTEUR EN DROIT

ANCIEN ÉLÈVE DE L'ÉCOLE DES HAUTES-ÉTUDES

PARIS

LIBRAIRIE

DU RECUEIL GÉNÉRAL DES LOIS ET DES ARRÊTS

ET DU JOURNAL DU PALAIS

L. LAROSE & FORCEL, ÉDITEURS

22, rue Soufflot, 22

1891

(C.)

IMPRIMERIE
CONTANT-LAGUERRE

BAR-LE-DUC

LE PRÉCAIRE,

SES ORIGINES, SA THÉORIE, SES PRINCIPALES APPLICATIONS

EN DROIT ROMAIN CLASSIQUE.

I.

Le précaire, considéré dans sa forme la plus pure, suppose trois choses : d'abord une prière, *precatio,* adressée par une personne à une autre afin d'obtenir de celle-ci la jouissance d'une chose lui appartenant, — ensuite une réponse favorable à cette prière, réponse suivie d'une remise de la chose demandée ; — enfin le droit que conserve le bailleur à précaire de reprendre sa chose quand il lui semblera bon : L. 1 pr.; 2 et 3; 12 pr. 43. 26. Il en résulte que le preneur n'a pas une jouissance ferme, menacé qu'il est de se voir à chaque instant enlever la chose. C'est ce que dit Ulpien. Il y a précaire lorsque quelque chose est concédé à la prière d'un solliciteur pour qu'il en use aussi longtemps que celui de qui émane la concession le permettra. Telle est l'idée générale qu'il convenait de donner du précaire avant d'en exposer soit les origines, soit la théorie à l'époque classique.

II.

La définition qui vient d'être donnée du précaire suscite dès le premier moment cette idée qu'il ne peut guère être pratiqué en grand que dans une société aristocratique. Il faut supposer entre les classes sociales une différence d'influence et de richesse bien profonde pour qu'un grand nombre de gens se fassent ainsi solliciteurs et ne puissent obtenir la possession de quelque portion de la richesse sociale que de la bienveillance d'autrui. Il en fut ainsi, non seulement aux origines de Rome, mais, j'ose dire, avec plus ou moins de vérité pendant toute son histoire. Le précaire fut un des modes de tenure et d'exploitation des plus importants dans la société romaine. Festus nous apprend que les patriciens concédaient des terres à leurs clients, — évidemment dans les conditions que nous avons indiquées plus haut. La constitution des *gentes* et le genre de propriété qu'elle comportait, exigeaient qu'il en fût ainsi. De vastes terres appartenaient à sa *gens*. La culture par des mains serviles était impossible, surtout au début, les esclaves étant relativement peu nombreux. Par eux une partie seulement des terres gentilices était exploitée pour le profit direct de la famille patricienne. Le reste était donné en précaire aux clients qui comprenaient pêle-mêle, affranchis, pauvres cultivateurs libres et dès longtemps attachés à la famille patricienne et aussi plébéiens qui, en acceptant de celle-ci une tenure à précaire se mettaient dans sa dépendance. Du reste, les *gentes* romaines n'avaient pas inventé ce mode de concession à précaire. Il était certainement pratiqué par les petits peuples latins, même avant la fondation de Rome. C'est de la constitution sociale résultant de la *gens* qu'il découle. Quand la *gens Claudia* arriva à Rome et fut admise dans la cité, elle se composait, dit-on, de cinq mille personnes. Pour tout ce petit peuple, il fallait des terres. La *gens* en obtint. Elle les partagea évidemment entre ses clients en les leur donnant à précaire.

Il est facile de comprendre que la concession ne fût pas définitive. Au début la propriété collective de la *gens* faisait que les chefs des *gentes* étaient plutôt des administrateurs de biens communs que des propriétaires : ils n'avaient pas la libre disposition des terres. De plus, entre patriciens et clients, un contrat pouvait difficilement intervenir. Les patriciens eussent été juges et parties, car la puissance publique n'intervenait pas dans les affaires intérieures de la *gens*. Au contrat, du reste impossible, le client n'eût rien gagné, et les patriciens ne s'y fussent point prêtés. Le précaire leur permettait au contraire de tenir plus facilement sous leur main toute la clientèle. Au moindre indice de rébellion, ou mauvaise foi, de manquement au respect dû à la *gens*, la concession était retirée. C'est donc là, dans l'organisation *gentilice*, dans la vie interne du clan, de la *gens* qu'il faut chercher l'origine du précaire.

Pourtant on a quelquefois soutenu que les premiers précaires avaient été consentis par l'État sur les terres qui lui appartenaient. Les familles patriciennes auraient ensuite imité l'État. C'est le contraire qui est vrai. C'est l'État qui fut l'imitateur. Il ne faut pas confondre le bail et le précaire. L'idée que je repousse probablement vraie pour les baux, est certainement fausse pour les précaires. Mais la vérité est que, de bonne heure, l'État pratiqua le précaire sur une très grande échelle. Voici comment. Les terres conquises et dont l'ennemi se trouvait dépouillé, devenaient la propriété du peuple romain. On ne pouvait les laisser sans culture ni toutes les aliéner. La plus grande partie était concédée : à qui? A certains moments comme sous Servius Tullius, et après certaines lois agraires, à des plébéiens, mais, plus souvent et pour les plus vastes domaines, à des patriciens, plus tard à de riches familles plébéiennes qui, ne pouvant les exploiter, les concédaient à leur tour aux petites gens. Ainsi pouvaient s'établir plusieurs degrés de concessions précaires formant une hiérarchie analogue (avec les différences et les restrictions qu'il convient de faire) à la hiérarchie des terres féodales au moyen-âge. Contre ces accaparements des terres publiques par les grands propriétaires, la plèbe s'élevait souvent. De là troubles et lois agraires que violaient parfois les premiers ceux qui les avaient portées. On restreignait le nombre d'arpents que chaque citoyen se pouvait faire octroyer; on faisait quelques distributions à la plèbe; on décidait que les grands possesseurs seraient contraints d'employer des hommes libres sur les terres tenues à précaire, et la révolution se calmait pour quelque temps. Ce n'est pas ici le lieu d'entrer dans le détail des troubles et des lois agraires. Signalons seulement ce fait que d'après Appien des lois du VII⁰ siècle de Rome portèrent atteinte, à certains égards aux concessions précaires, soit en les transformant en possessions héréditaires moyennant le paiement d'un vectigal, ou même sans vectigal, soit en permettant aux possesseurs de les aliéner. Cpr. *Lex Agraria* (643). Mais après la loi agraire que fit repousser Cicéron et qui n'avait aucun rapport avec la question que nous étudions puisqu'il s'agissait de vendre des terres publiques pour en acheter d'autres qu'on attribuerait à la plèbe, les réclamations agraires

J. D.

se calmèrent. Le précaire continua à être pratiqué pendant tout l'Empire. On le retrouve dans un grand nombre de textes des IVᵉ et Vᵉ siècles, d'origine païenne ou chrétienne. Mais notre tâche n'est pas de le suivre si loin. Il nous faut revenir à l'époque classique et en exposer la théorie juridique.

Pourtant avant d'exposer cette question, il convient de signaler une dernière opinion sur l'origine du précaire. Elle consiste à voir dans le précaire une institution connexe du contrat de fiducie ou tout au moins une institution destinée à en atténuer les inconvénients. Ainsi un débiteur engage sa chose à son créancier. Longtemps l'hypothèque fut inconnue à Rome. Le débiteur n'avait d'autre moyen que de transférer la propriété de la chose au créancier; celui-ci s'engageait par un contrat de fiducie à la lui rendre après la libération. Mais le débiteur va se trouver dépouillé? Non, et cela sera évité au moyen d'un précaire. Le créancier laissera au débiteur la possession avec faculté de la reprendre quand bon lui semblera, par exemple si le débiteur venait à diminuer la valeur de la chose, etc. Il est évident que cette utilisation du précaire suppose l'institution déjà pratiquée. On ne l'aurait pas inventé dans ce but. En se reportant à ce qui a été dit plus haut, il est facile de voir que tout autre a été l'origine du précaire. Mais il est certain que la pratique que je viens de rapporter a contribué, non pas à créer l'usage du précaire, mais à augmenter le nombre des précaires (L. 6, § 4, h. t.). Beaucoup d'opulentes familles arrondirent de cette façon leurs domaines. Les terres possédées par les débiteurs allèrent par cette voie se fondre dans la grande propriété. Incapable de rembourser à l'échéance, le débiteur perdait sa terre. Le moins qui pût lui arriver était de la conserver à titre précaire, ce qui le mettait, en fait, sinon en droit, dans la dépendance du grand propriétaire.

III.

Tant que l'usage du précaire fut confiné dans la *gens* ou dans le droit public, les jurisconsultes n'eurent pas à en construire la théorie. La *gens* ou l'État imposaient les conditions qu'ils voulaient à raison de leur situation élevée et du lien de dépendance des précaristes, ces derniers ne pouvaient rien faire sans l'assentiment de qui ils tenaient la jouissance du précaire. Mais la *gens* fut peu à peu dissoute par le temps; la longue possession des mêmes terres par un même possesseur donna à chacun une plus libre allure. Alors une théorie s'édifia dont le point culminant fut la reconnaissance des interdits possessoires au précariste et contre lui d'un interdit *de precario* au bailleur à précaire. Esquissons brièvement cette théorie.

I. Le précaire n'était pas un contrat : il avait la forme d'un acte de pure bienveillance. Il ne se rattachait en rien au *jus civile*. Ulpien le dit institution du *jus gentium*. Il n'exige aucune forme que la *precatio* du solliciteur et la concession du sollicité. Il ne se forme pas *re;* on peut donner à précaire à celui qui possède déjà (L. 17, XLIII, 26). Il n'exige aucun écrit bien que plus ordinairement le concédant délivre au précariste une lettre indiquant que tel bien a été cédé à précaire. De nombreux textes le prouvent pour le Bas-Empire; il devait en être de même à l'époque classique. Cela servait au précariste pour prouver sa possession à l'égard des tiers (Cpr., L. 9, h. t.).

II. Concession de pure bienveillance, le précaire était gratuit. Mais vraie en droit cette assertion devait être contredite dans les faits. On ne peut supposer un tel débordement de bienveillance dans la société romaine. Les patriciens ne joignaient pas de vastes possessions vectigales à leurs propres terres pour en donner gratuitement la jouissance au premier solliciteur venu. Évidemment, le concédant exigeait certaines redevances, soit en nature, soit en argent, soit sous forme de travail : toutes choses réglées au moment de la concession et dont la sanction était le retrait de cette même concession. Le vectigal n'empêchait pas que les concessions de l'État ne pussent être considérées comme des précaires : il était très faible et les puissants possesseurs trouvèrent souvent le moyen de ne le point payer. Ils exigeaient, au contraire, brutalement de leurs propres précaristes l'observation des redevances. M. Fustel de Coulanges admet même que l'impossibilité de les payer fut plus d'une fois le point initial de troubles agraires. Les textes des IVe et Ve siècles détaillent avec soin les devoirs des précaristes. Nul doute qu'à l'époque classique il n'en fût de même. La clientèle n'était plus ce qu'elle avait été jadis, mais, en changeant de forme, elle

était restée — non plus petit peuple gouverné plus ou moins par la famille patricienne, — mais nombreuse troupe de courtisans, grands et petits, de tout homme puissant. Certains devoirs de reconnaissance, de respect (*obsequium*), de services, étaient dûs par ces gens dont beaucoup tenaient à précaire du patron.

III. A précaire on pouvait donner meubles ou immeubles ou les deux : L. 4, h. t. Dans les sociétés tout à fait primitives où la richesse est surtout constituée par des troupeaux, le précaire portera d'ordinaire sur un tel objet. Même à l'époque classique le précaire mobilier était pratiqué à Rome. Il importait peu, du reste, que la chose qui était donnée à précaire appartînt au concédant ou non, qu'il en fût propriétaire quiritaire, ou prétorien, que lui-même tînt la chose à précaire, Cpr., L. 8, h. t. C'est pourquoi en donnant au début une idée générale du précaire je n'ai pas dit que la *precatio* fût adressée au propriétaire.

IV. Une fois constitué, le précaire imposait au précariste certaines obligations, même en dehors de celles plus haut signalées et qui n'étaient, si l'on veut, que des obligations externes et non juridiques. Le précariste était responsable de son dol ou de sa faute lourde seulement; la raison de cette bienveillance de la jurisprudence était celle même du concédant, L. 8, § 3, h. t. Il doit user du fonds selon l'intention du concédant, ne pas laisser prescrire les servitules, *Ibidem*, § 4. Il doit rendre la chose dès que le concédant la lui réclame ou dès que le temps pour lequel elle lui a été concédée est expiré. Il est vrai qu'en cas de silence du concédant, il peut y avoir tacite reconduction, L. 4, § 4, h. t.

V. Non seulement le terme ou la volonté du concédant éteignait le précaire, mais aussi la mort du précariste, à moins que ses héritiers n'adressassent une nouvelle *rogatio*. La vente par le concédant de la chose, ou la mort de celui-ci laissaient l'acheteur ou les héritiers libres de retirer ou de continuer la concession, L. 8, § 1, h. t.

VI. Longtemps le concédant n'avait eu pour sanctionner les obligations du précariste que son droit de retirer la concession. J'ai dit plus haut pourquoi, à un moment donné, cela ne lui suffit plus. Il eut besoin d'un moyen de procédure pour recouvrer la possession de la chose. Aucune action n'était possible, le lien contractuel entre les deux parties faisait défaut et le réclamant était propriétaire de l'objet. L'objet de la demande était la possession : le préteur sanctionnait par des interdits le droit possessoire. Il en créa un spécial pour le bailleur à précaire. Ce fut l'interdit restitutoire *de precario*. On le donna contre le précariste soit qu'il refusât de restituer, soit qu'il ne le pût parce qu'il avait perdu la possession par dol (L. 14, 2 pr., 8, §§ 3, 4, h. t.). Et celui qui put agir contre lui, c'est le concédant seul ; et par là je veux que si j'ai donné à précaire la chose d'autrui, c'est moi qui aurai l'interdit et non le propriétaire (L. 9 pr., h. t.). L'interdit *de precario* est perpétuel : il peut être intenté à toute époque et si longue qu'ait été la possession précaire. Bien que la possession précaire ne passe pas à l'héritier du précariste, néanmoins celui-ci est tenu de son dol, — et de celui de son auteur dans la mesure où il en profite en vertu de notre interdit.

Mais ce n'est pas tout. Ulpien (L. 2, § 1, h. t.) donne contre le précariste *l'actio præscriptis verbis* qui, dit-il, est de bonne foi, et Julien la « *condictio incerti*, *c'est-à-dire l'action præscriptis verbis*. » Voilà qui, à coup sûr, est étrange. D'abord l'action *præscriptis verbis* : les interprètes ont cherché comment on pouvait la greffer sur une concession à précaire. Où trouver ici un contrat innommé ? On ne peut dire qu'elle naît de ce fait que le concédant a livré pour qu'on lui restituât quand il le réclamerait. Je crois qu'il ne faut pas chercher une explication de ce côté. La bonne me paraît être que, malgré sa nature de concession gratuite, le précaire mettait, en fait, à la charge du précariste des charges parfois lourdes et généralement des redevances variables : là se trouve très probablement le secret. On donnait l'action *præscriptis verbis* contre celui qui ne les fournissait pas, ou qui ne s'acquittait pas de ses autres engagements, au nombre desquels se trouvait un certain *obsequium* qui était violé par le refus de restituer (L. 2, § 1, h. t.).

Quant à la *conditio incerti*, il la faut expliquer d'une façon analogue. Le temps manque pour y insister, et peut-être dans l'esprit du jurisconsulte n'était-elle autre que l'action *præscriptis verbis* (V. L. 19, § 2, h. t., *in fine*).

Tels étaient les moyens que le droit classique mit à la disposition du concédant contre le précariste. Voyons comment il protégeait le précariste contre les tiers.

VII. Le précariste avait une sorte de possession — non pas *ad usucapiendum,* son titre s'y opposait, — mais *ad interdicta.* Vis-à-vis du concédant, sa possession était viciée *precario;* vis-à-vis des tiers, elle était *justa.* C'est en se plaçant au premier point de vue qu'Ulpien dit qu'il ne possède pas; qu'il est, comme dit Marcellus, du colon, *in prædio.* C'est en se plaçant au second que Pomponius dit de lui : *Nancisci possessionem non est dubium,* et Ulpien lui-même : *Meminisse nos oportet eum qui precario habet etiam possidere* (L. 4, § 1 ; 15, § 4, h. t.). Aucun doute, en effet, qu'à l'époque classique le précariste ne jouisse de l'interdit *uti possidetis* contre tout autre que le concédant. Julien le dit formellement (L. 17, h. t.). Et cela ressort de la conception même des interdits possessoires. La légitimité de la possession est relative. Contre tout autre adversaire que le concédant, le précariste a une possession *justa*, dépourvue de précarité (Gaius, IV, 150; Just., Inst., IV, 15, § 4ᵉ ; L. 1, § 8, 43, 17). Ce que nous venons de dire de l'interdit *uti possidetis* est vrai de l'interdit *utrubi :* si les textes y insistent moins, c'est que le précaire portant sur les meubles est plus rare. Il en est de même de l'interdit *unde vi,* mais en ce qui concerne l'interdit *unde vi armata,* le précariste peut en user même contre le concédant. La généralité de cette mesure s'explique par la nécessité d'assurer l'ordre public (Gaius, IV, 155). Plus tard, on lui accorda même l'interdit *unde vi* (Inst., IV, 15, § 6).

IV.

L'organisation du précaire à l'époque classique permettait d'en faire un mode d'exploitation où preneur et bailleur étaient suffisamment protégés. Le droit du concédant de reprendre la concession n'était pas une très grande menace pour le précariste : il fallait tirer des revenus de la terre et les bras n'abondaient pas. Pendant tout l'Empire, l'usage du précaire, atténué au début, ne fait que grandir; colons, *inquilini,* etc., possèdent souvent à précaire. Le signe, c'est que la concession peut leur être enlevée à la volonté du maître. De pauvres gens obérés engageaient toujours, malgré l'introduction de l'hypothèque et la transformation du gage, leur maigre avoir qui s'absorbe, comme aux siècles précédents, dans la grande propriété. Ainsi se formèrent de lambeaux les *latifundia* dont parle Pline. Rien n'est plus obscur que la condition du peuple des campagnes sous le Haut-Empire. Quelques fragments des *agrimensores*, quelques inscriptions comme celle de Souk-el-Kmis jettent une lumière inattendue sur les tréfonds de la société romaine. Quand l'Empire s'effondre, nous retrouvons le précaire aussi développé, mais plus varié dans ses formes que nous ne l'avons aperçu à l'origine. C'est que l'institution du précaire a été de tous temps un des pivots essentiels de la société romaine. Il fut d'une application considérable. L'aristocratie d'argent et le fonctionnarisme avaient remplacé le patriciat; la condition des petits était restée la même. Il semble même à certains indices qu'elle fût plus dure. Les procurateurs et les intendants du *Saltus Burunitanus* n'étaient pas tendres aux colons dont plusieurs peut-être étaient des précaristes. Entre le client rural et le patron les rapports directs avaient cessé en beaucoup de domaines. On usait de l'interdit et de l'action *præscriptis verbis*. Le caractère premier de l'institution s'était transformé. Du précaire sortaient de multiples tenures en différant par des points de détail. Si je ne me trompe, l'institution n'était plus une. A l'abri de l'action *præscriptis verbis*, des obligations diverses en modifiaient la figure. C'est ainsi que peu à peu et dès l'époque classique se forma cet ensemble de tenures que nous trouvons plus tard sur le sol de l'Empire romain, à l'heure où il disparaît.

BAR-LE-DUC, IMPRIMERIE CONTANT-LAGUERRE.